VERSOS REPENTINOS

RICHARD MONTAUBAN

Primera edición: abril, 2024

Título original: Versos repentinos
Autor: Richard Montauban
Edición: Carolina Hoyas

ISBN: 978-84-128217-6-5

Rapitbook Editorial
www.rapitbook.com

Impresión y encuadernación: Impresrapit
www.impresrapit.com

Impreso en España - *Printed in Spain*

Poemas nacidos de la pasión por la literatura,
por la necesidad de narrarlos, que se conozcan,
que formen parte de mi legado una vez yo ya no esté.

ÍNDICE

AMOR Y DICHA

PENA Y TRISTEZA

AMOR Y DICHA

APARECES EN MI VIDA

Apareciste en mi vida
y en mi vida te quedaste
y con la primera mirada
al momento me hechizaste,
todo empezó como un juego
como el que juega a enamorarse
el tiempo se ha ocupado del resto
que ya no puedo olvidarte.

EL DESTINO TE PUSO EN MI CAMINO

Gracias por quedarte y conocerme
por entenderme y por amarme
por encender mi pasión,
por ser el huésped más tierno
de mi pobre corazón.

A la sombra de un ciprés
enterré mis sueños eternos
a la luz de tus ojos verdes
nacieron mis amores nuevos.

PRIVILEGIO DE AMARTE

Que en tu corazón ardiente de pasión
se pose mi más sosegado deseo
que es mi anhelo sincero
amarte con derroche y decisión.

¿Qué pecado cometí
que de esta guisa me encuentro
si prefiero el vil secuestro
de tus labios carmesí?
No pienso, no siento,
solo sueño, solo espero
que tu corazón me diga
lo que yo deseo.
Creí que ya no pensaba,
pensé que ya no creía,
me traicionó el pensamiento
de pensarte cada día.

¡AY, SEÑORA!

Anduviera vuestra merced con ojo y con buena cura que a bien no ha de fiarse de quien bien sabe usar pluma que, aunque buenas palabras tenga, puede resultar parlanchín, hombre de dudosas artes y malandrín. Más, a pesar de su condición, admira en vos vuestra timidez y discreción y reconoce sin tapujos por todo lo que sois, que os desea y loco por vuestros huesos está. A bien señora que hubiera podido conoceros en otro tiempo y en otra corte, de seguro que juntos habríamos conseguido grandes gestas. Pero hoy mi reino por un rato de pasión.

BENDITA HEMBRA

Cual pétalos de linda flor
son tus labios ardientes
pasión, fuego, candor,
hermosa boquita sonriente.

Vuela mi dulce palomita
corre aquí a mi lado
con tu suave vuelo alado
que me va en ello la vida.

ME SIENTO VIVO

Quiero, pero no puedo,
quiero, pero no quieres,
quisiera dártelo todo
tanto como quisieres.

¿Qué me dicen tus ojos que no puedo ver?
¿Qué susurran tus labios que no puedo oír?
¿Qué siente tu corazón que no lo oigo latir?
¿Qué oculta tu mente que no me quieres decir?

ALMA DE MUJER

Cada vez que busco
tras la ventana mojada
veo reflejada tu mirada
en destello de rayo puro.

Me consume la impaciencia,
me desvive y me tortura
y al recordarte logra consuelo
el alma de este locuelo
que te anhela y que te adora.

VERSOS REPENTINOS

Háblame con tu silencio
mírame sin tu mirada
siénteme con tu indiferencia
olvídame con tu recuerdo.
Haz que todo mi ser
sea luz en la oscuridad,
sea realidad en lo ficticio,
sea momento en lo infinito,
que mi corazón palpite sin hacer ruido.
Quiero ser alegría en tu pena,
ser sosiego en tu inquietud,
ser presente en tu pasado,
parar el tiempo ya agotado.
Quiero ser la llave que abra
un sentimiento acallado
y así por fin el amor resucite
de tan inmenso letargo.

Rosa —la flor, el calor,
suave temblor,
te mueves con primor,
eres todo amor.
Mujer —cordura, frescura,
eres hermosura,
dulce ternura,
me llevas a la locura.
A cuál más bella de las dos
la una me roba los sentidos
la otra el corazón.

ÓSCULOS PRIMOROSOS

Besé tus labios de seda
tus labios de seda fina,
nunca había probado
néctar tan delicado
en boca de ninfa alguna.
Cuál pétalos de linda flor
son tus labios ardientes
pasión, fuego, candor,
hermosa boquita sonriente.

A TUS OJOS

Son tus ojos dos luceros
que al mundo entero iluminan
son tus ojos fuego y cielo
que al que los mira encandilan.

Son tus ojos dos estrellas
que iluminan todo el cielo
suaves como el terciopelo
y más verdes que esmeraldas.

Son tus ojos encendidos
dos estrellas más del cielo
suaves como el terciopelo
y más bellos que dos lirios.
Como el alba puros son
profundos como el olvido
aunque en ellos siempre vivo
brilla un deseo de amor.
Son dos perlas de Oriente
rutilantes de pasión
que arrebatan la razón
con su mirar inocente.

En sus ardientes reflejos
hay mil ensueños dorados
dos tornasoles mimados
que parecen dos espejos.
Brujos son en su mirar
con su gala más preciada
cual una flor perfumada
que nos sonríe al pasar.

Yo no sé si cuando miran
acarician dulcemente
rozando quedo mi frente
como almas que suspiran,
o es que engaña su hermosura
apareciendo candor
donde se esconde el amor
tras un velo de tristura.
Tanto gustan al llorar
como agradan si sonríen
y no hay nadie que los mire
que los deje de adorar.
Me gustan porque así son
porque son verdes y bellos
para saberlo hay que verlos
una mañana de sol.

ADENTRO, MÁS ADENTRO

Adentro de mis adentros
que más adentro te siento
adentro de mis sentidos
que más siento que te tengo.
Adentro, más adentro
déjame entrar en silencio
que quiero tenerte cerca
aquí, al ladito del pecho.
Adentro, muy adentro
ocupando todo tu espacio,
ocupando todo tu cuerpo,
siendo parte de tu todo,
tenerte sin más pensar
que solo con pensar te tengo.
Déjame entrar en silencio
que desespero aquí fuera
déjame entrar dulce niña
déjame solo un momento.
Adentro, tan adentro
como el sentir de un mortal
que pensara que posee
la llave de tus secretos.
Déjame entrar en silencio
para adentrarme en tus adentros,
para ser la dicha de tu gozo,
para ser la causa de tu enojo,

para colmar de mil halagos
tu terso pecho tembloroso
y ese mirar encendido
y ese sentir tan dichoso.
Déjame adentro mi amor
que adentro quiero sentirte
que la pasión del querer
es ferviente y es sublime.
Adentro, más adentro
hasta que el fuego me consuma
hasta que arda en deseo
el sentir de tu alma pura.
Adentro, al fin adentro
yo en tu ser y tu alma conmigo
y mi dicha sería inmensa
y mi amor sería eterno
y el tiempo se detendría
dentro, fuera o en silencio.
Y si fuera me quedara
por esas cosas del querer
seguiré para mis adentros esperando
que me dejes entrar mi bien.
Porque eres mi fuerza
porque eres mi consuelo
porque por más que no quiera
eres y serás mi cariño sincero.

POEMAS A LULA

Hace ya algún tiempo
que en mí estás y en mí perduras.
Perdura aún la llama que encendiste
en el carbón de mis cenizas.
Divino momento aquel en que
abrimos dos puertas cerradas.
Abierto tu corazón
y abierta mi esperanza,
abierto sigue el tiempo
muy viva sigue la llama.
Y ese calor intenso
que cada noche nos ata
y esos rayos de sol que cada mañana
vienen a despertar tan dormida madrugada,
y nos susurran entre sollozos
que llega el alba presurosa
y nosotros descuidados sintiendo pronta la hora.
Pronto que ya te marchas
pronto que más te siento,
siento que más te alejas
que más en mí te vas quedando.

¿Soy yo mismo, tú en mí
o es que me estoy transformando?
Los dos juntos o por separado,
yo en tu ser o tu cuerpo ocupado.
Me sientes que ya me alejo
y ya desesperas mi regreso,
y regresa el desamor
de saberte de aquí lejos,
lejanía desesperante
hasta que en mis brazos te tengo.
Y todo por quererte y por llevarte muy dentro,
porque pasión yo por ti siento,
siento pasión de tu risa y de tu cuerpo
y de esos ojos encendidos
que claman por mi regreso,
porque nunca se termine
tanta dicha y tanto gozo,
todo esto que es lo nuestro,
todo tuyo, todo mío,
todo esto tan hermoso.

CORAZÓN HENCHIDO

Te quiero porque te quiero
porque así quiero quererte
porque muero de pensar
sólo en perderte.
Porque así te quiero
porque así me quieres
porque todo lo que yo quiero
es todo lo que tú tienes.
Pensar que ya no te tengo
sería perder la dicha,
sería perder el apego,
sería morir en vida.

EN EL DÍA DE LOS ENAMORADOS

Si el ardor de mi loco pensamiento
fuerza diera a mi mano temblorosa
diríate cuan grande y cuan hermosa
es la pasión de amor que por ti siento.
Mas, ya que no mi mano, sí gozoso
lo hará mi corazón enamorado
que retoza de cariño alborozado
al sentirse en este día más dichoso.
San Valentín invoco al pensarte
y soy feliz como nunca lo soñara,
no sé si para más idolatrarte
de Cupido su influjo recabara;
yo solo sé, mi bien, que para amarte
las furias del infierno yo afrontara.

TIERNOS MOMENTOS

La noche te trajo a mi lado
la madrugada me regaló tu cuerpo
compartir en el día tus sentidos
fue, de todo, lo más hermoso.
Mi almohada retiene cautiva tu fragancia
mis sueños con ella he compartido
y al despertar embriagado al nuevo día
conservaba tu presencia en mi recuerdo.

LA SONRISA DE UNA MUJER

Dulce melodía
que despierta mis tímpanos,
hermoso trinar
de labios de carmín,
mueca descontrolada
en silencio sepulcral;
cómo me seduce,
cómo me contagia,
llenas de algarabía
mis monótonos diálogos,
hermoso canto
de ruiseñor en celo,
explosión amorosa
de dulce despertar,
sueños de un mañana incierto
en presente seductor,
me envuelves con tu velo de armonía
cual bella sinfonía en perpetuo amanecer.

CELESTE

No sé si eres mujer o si eres diosa,
sirena misteriosa de hondos mares
o la lírica Euterpe de juglares
celestial cual tu nombre es tu figura
aureola de mágicos embrujos,
ardiente es la mirada de tus ojos
portentos de belleza y donosura.
Es tu cuerpo un abismo de dulzura
donde duermen eternas tus pasiones.
Hechizo que cautiva es la luz pura
que tu frente traduce en ilusiones,
y encantos seductores atesora
la amapola sensual de tus fruiciones.

CUENTO DE AMOR

Amor de mis amores
dulce esperanza del vivir,
flor innata de esta tierra
por ti quisiera yo morir.
Si no me quieres palomita
y matas mi ilusión,
cántame al oído querida
tu maravillosa canción:
por desgracia de las desgracias
siempre me quisiste a mí,
pero yo tengo otros amores
como espinas clavados aquí.
Si de verdad quieres y amas
con el fuego de tu corazón,
no olvides infortunada
que no hay motivo sin razón.
Y si alguna vez tropiezas
con la pasión de otro querer,
piensa no solo en mirar
sino mirar y también ver.

EL PRIMER BESO

¡El primer beso!
¿Recuerdas niña adorable
cuando en mis brazos, amable,
fuiste perfume de incienso?
Tus labios en ansia loable
exhalaron entonces los ríos
que sedientos bebieron los míos,
¿recuerdas niña adorable
aquél nuestro primer beso
que meció el follaje espeso?
Fue susurro y melodía,
del mar bravío la espuma,
dulce esencia de poesía
que de Virgilio la pluma
trazara jamás un día.
Fue vuelo de dos alondras
del surco al diáfano cielo,
fueron dos espigas blondas
que al conjuro de un anhelo
saciaron su sed profana
en la húmeda mañana.

Narcisos que se estremecen
bajo el hálito amoroso
de la brisa, deseo ansioso
de dos almas que se dicen
callando en dulce olvido
las fragancias del sentido.
Fue aletear de ilusiones
la consunción peregrina
bálsamo del corazón
fue un despertar de emociones
que en la quietud vespertina
es comienzo de canción...
¿Recuerdas niña adorable?

ADULACIÓN

Belleza femenina
que encanta y enamora
al paciente que admira
tu gracia y tu armonía.

Eres la hermosa flor
que la calle perfuma
con tu cáliz de amor
y tu gran gentileza.

Pareces la tierna rosa
de pétalos color carmín
que alegre y primorosa
su sutileza brinda al fin.

Dos pupilas son tus ojos
brillantes cual dos luceros,
perlas nimbadas de oro
que fascinan y dan mareos.

Tu boquita es una fresa
tus labios dos amapolas
impregnadas de delicadeza
y hechas adrede para besarlas.

Bonita frente marfileña
adorna tu rostro de hada
y en ella luces la blancura
de estatua bien modulada.

Simbolizas lo sutil,
lo bello y lo venerado
con tus prendas profundo añil
que naturaleza te ha dado.
La perfección de tus líneas
de esbeltez escultural
es anuncio de las primicias
del campo primaveral.

Es un sol toda tu persona
y al lado tuyo no hay frialdad
pues a todos tu calor prodigas
con asombrosa afectuosidad.

No quieras averiguar quién es
el causante de tu emoción
pues además de perder el tiempo
no hallarías la solución.

Como son trece las estrofas
que han pasado por mi mente
a la serie añado ésta
para rectificar la suerte.

SIN VOSOTRAS

Sin vosotras, ¡oh! mujeres, un erial
infecundo y árido sería
nuestro planeta repleto de energía
que le da vuestra gracia celestial.
Sin vosotras, privados de alegría,
ajados quedarían los primores
de nuestro amor, jardín sin flores
dejado de vuestra celosía.
Ya no habría en el cielo desolado
miríficas sonrisas y pasiones;
solo habría tristeza en las mansiones
que añorarían su encanto delicado.
Adiós placer lejos de vuestro arrullo,
que sublime ilusión desvanecida,
cuanta amargura habría en vuestra vida
si se acallase su infantil murmullo.
Desde la madre buena y cariñosa
hasta la novia bella que nos ama
por los ámbitos del mundo se proclama
que su poder seductor nos embelesa.
¿Cómo olvidaros ninfas puras?
¿Cómo turbar mi paz con vuestro olvido
si ya llora mi corazón dolido
antes de abandonar vuestras dulzuras?
¿Cómo dejaros, sirenas mías,
si en mi soledad vuestros cantares
levantan en mi alma los altares
donde vibran las más suaves melodías?
Que lóbrega nuestra existencia
sin la fragancia de sus cabellos,
lejos de la caricia de sus ojos bellos

y ocultos al esplendor de su inocencia.
Que efímera y triste nuestra ciencia
si la antorcha que eterna la ilumina
no tuviera por figura genuina
la altiva silueta de una mujer que piensa.
Es demasiado hermoso vuestro gesto
demasiado llamativo vuestro acento
para poder borrar de nuestro pensamiento
la grandeza de vuestro orgullo honesto.
Mujeres bellas que el dolor suavizan
cuyos tibios aromas estremecen
a los hombres que adoran vuestra imagen
y siempre vuestro nombre idealizan,
vosotras sois la luz y la esperanza
las que colmáis de fe las ilusiones
y sembráis en el mundo las canciones
como rima el poeta una alabanza.
A vuestro imperio de amor y de ternura
se inclina nuestro arrogante poderío,
y os amamos hasta perder el albedrío
ebrios del sol de vuestra donosura
Conceded a este mortal que os admira
la libertad de rendiros el tributo
que en mi pecho amante e impoluto
florece y en vuestro puro amor se mira.
Benditas seáis como loados sean
los dones que Eva os concediera,
pues todos los pecados que ella cometiera
ya son virtudes que en vuestra frente ondean.

ESTAMPAS CALLEJERAS

Era una niña todavía, la vi llorar.
Un sollozo profundo en su pecho caído
tal mueca de dolor dio a su rostro transido
que confuso, de pronto, empecé a divagar.
Mujer perdida
que gimes en el arroyo
sin más fe ni más apoyo
que un vil desprecio a la vida.
Mujer sin ventura
del fango la pálida flor
que no conoce el pudor
porque llora de amargura.
Te condena todo el mundo
al rostro te llaman perjura
porque eres una sombra impura
que va y viene sin rumbo.

Tú eres la mujer que pasa
cual espectro errabundo,
eres el despojo inmundo
del tugurio, de la casa
donde los hombres te buscan
para comprar tus caricias
y decir que son delicias
los goces que les ofuscan.
Y vives, dicen, del lodo
reprobando tu desvío
cuando con amor impío
y torpe afán de bebido
todos se arrastran hacia ti
buscando el beso del vicio
que con ruin maleficio
te persigue hasta morir.

BUSCADORES DE CARIÑO

Recuerdo los relatos de las antiguas películas del oeste, de las innumerables caravanas de colonos ilusionados, dirigiéndose hacia la tierra prometida en busca de un futuro, la mayoría de las veces incierto, entre bisontes, inmensas llanuras y apaches enfurecidos, cuyo pensamiento era poder llegar y llegar el primero para no quedarse sin un pedazo del pastel. Un número importante de toda esta marabunta humana decidió dedicarse a la noble y arriesgada labor de buscadores de oro. Muchos fracasaron, algunos desistieron y solo unos pocos afortunados consiguieron sobrevivir a tan ardua tarea. Traición, robo, asesinato, todo valía con tal de conseguir ser el más rico o el más poderoso y respetado. Pensemos si realmente vale la pena amasar en nuestras alforjas dinero y condición, cuando somos incapaces, a menudo, de hallar el filón de nuestros sentimientos, a veces tan próximo a nosotros que solo tenemos que extender la mano y tomarlo por derecho divino como si del Santo Grial se tratara. Hoy en día seguimos buscando, pero no oro, sino aventura, diversión, un rato agradable con quien esté dispuesto a compartirlo y algo más preciado como es el cariño, ese cariño sincero que nos saque del tedio y la indiferencia.

Es curioso observar los diferentes arquetipos de buscadores que pululan entre nosotros; los hay de todos los tipos sin distinción de sexo ni color, sería agotador enumerarlos a todos, solo aquellos que más me han llamado la atención. El primero podría ser el adicto a la barra, el que cubata en mano y cigarrillo en los labios, es capaz de pasarse toda la noche sin moverse de su espacio, castigando su espalda, y haciéndose polvo la vista observando la rubia o el morenazo que tiene enfrente suyo y que, por cierto, no le hace ni puñetero caso (existe la versión sofá, esta al menos es más cómoda). Otro notable podría ser el matador charlatán, mezcla de macho ibérico y orador empedernido que nos deleita con sus ataques suicidas y su verborrea inagotable hacia todo bicho viviente. Luego tenemos al bailongo, algo así como el clon compulsivo de Fred Astaire, derrochador incansable de zapatos y que acaba a la postre por agotar a su pareja, no dejándole energía para nada más dichoso y placentero. La lista es extensa, los hay más insignes y más decrépitos, más bondadosos y más impávidos, muchos solteros y muchos separados, una masa vehemente de nómadas el amor.

Por todo lo bueno y lo malo que nos rodea, por esa búsqueda constante del amor, bien vale la pena perder a veces la razón para encontrar la felicidad y la libertad.

NO ME DEJES

No me dejes amor mío,
no te vayas de mi lado,
no dejes que la lejanía
rompa todo el encanto.

Que es sincero mi amor,
que es dolorosa mi pena,
que no tengo otro anhelo
que sentirte siempre cerca.

Es una súplica, un deseo,
un sueño,
una llamada,
un ruego.

A tu lado todo cambia,
todo parece distinto,
todo es alegría,
ternura y delirio.

¿Por qué esta pena tan honda
ahora que estás alejada,
ahora que se ha apagado
el fulgor de tu mirada?

Y tus labios ya no besan
como besaban antaño
y los míos desesperados
se van secando.
Ya no siento
tu cuerpo tembloroso
cuando mi boca se desliza
por el abismo de tu gozo.

Estoy roto, estoy deshecho,
no más por mis penas
sino por el daño
que te he hecho.
Solo espero amada mía
que vuelvas rauda y veloz
antes que reine en mí
la tristeza y el desamor.

No me dejes ángel mío
que yo sin ti muero,
no me dejes
que te lo debo.

PALABRAS

Ya que admiras la palabra
como arma de comunicación
te diré con determinación
que en mi boca no calla.

Te la ofrezco, te la mando,
te la entrego toda ella,
pues para mi es la primera
que debieras conocer.

Con ella todo lo digo,
por ella se me conoce
y hasta el mudo reconoce
todo cuanto prodigo.

Sin ella pudiera parecer
que fuera yo algo esquivo,
por si acaso te lo escribo
para poderlo tú entender.

Difícil no es la palabra
cuando hay algo que decir,
más hermoso es el sentir
de quien escucha y alaba.

AMANECER

Nada ya puede hacer la madrugada
adormecida en su silente imperio
para evitar que rasgue su misterio
el triunfante nacer de la alborada.

Asustadas palidecen las estrellas
cegadas por la luz del nuevo día
y del mundo sumido en su armonía
van fluyendo susurros y querellas.

Ufano el cielo deslumbra de colores
impartiendo temores y esperanza,
mas la vida apresada en sus rigores
retoza de alborozo y de templanza
ávida de sembrar nuevos amores
como el sol que asoma en lontananza.

SONETO A MI NOVIA

Vuela raudo hacia ti mi pensamiento
de exaltada quimera poseído,
hacia ti mi anhelo enloquecido
huye errante llevado por el viento.

Siento que tu querer retoza de alegría
sumido en la pasión de mi querencia,
hoy como nunca ansío tu presencia
cuyo suave calor aquiete mi porfía.

Son dos años de amor hecho esperanza,
dos años que confío en tu cariño,
dos años de ilusión y de añoranza.

Por eso hoy, gozoso como un niño,
te envío esta dulce remembranza
y repito incansable: amor mío.

NOSTALGIA

Pueriles sentimientos tiene mi alma
ocultos en sublimes añoranzas,
dulzuras y emociones de romanzas
inconscientes me han robado la calma.

Reflejos de amistad indefinida
acrisolan placeres y penurias,
y siento en el transcurso de los días
la inquietud delirante de la vida.

Como la luz indecisa de la aurora
que abandona la noche moribunda,
así mi corazón, hecho penumbra,
ungido a la alegría y dolor llora.
Más es tan grande el alma, tan fecunda,
que me pierdo buscando su figura.

PARA TI

Quisiera que este gran afecto mío
oculto en las cenizas del pasado
surgiese en viva llama renovado
y alumbrase eternamente mi cariño.

Luz hallé siempre en las tinieblas
y en la noche de sol me emborrachaba
pues en medio del dolor que me embargaba
de mi vida, amistad, fuiste el emblema.

Al resurgir ahora del abismo
y emprender dolorido nueva ruta
embriagarme quisiera en mi espejismo
que fue y será blasón de mi conducta,
en él retoza pura de optimismo
por ti una simpatía que no enluta.

PENA Y TRISTEZA

LUZ DE ESPERANZA

Por tenerte casi te pierdo
y por quererte casi muero.
Si entre deseo y temor,
amarte puedo,
¡qué cruel es la vida
si no te tengo!

Y te siento y te anhelo
y hasta en sueños puedo verte,
y que mísera es mi dicha
si al final no puedo amarte.

CORAZÓN ROTO

En el llanto encuentro consuelo
gris bagaje para mi alma
desconsolado cuerpo inanimado
que ya no encuentra la calma.

Una pena incontrolada
me acompaña en este día
solo el recuerdo de su sonrisa
ilumina mi frágil alegría.

Vuelve amada mía
desencanta este tormento,
que no puedo por un momento
consolar el alma mía.

EL TRANSCURRIR DE LAS HORAS

Todo el tiempo me pertenece
cada momento es mi momento,
intento saborear cada segundo
de cada día que llega
con ello estoy contento.
Voy matando las horas
todas esas horas disponibles,
todas esas que se hacen eternas,
las que sucumbieron apresuradamente,
en otro espacio, en otras batallas,
súbitamente.
Intento consumir todo el tiempo
hasta el que no me pertenece,
el ir y venir de un reloj
caduco y trasnochado,
el que me marca implacable
todo lo que me queda por agotar
y el resto que se me brindará,
todo ese tiempo canalla
que no consigo dominar.

SOLEDAD

Triste compañera de viaje
inseparable e insistente
en tu labor diaria,
acosadora pertinaz
con nombre de mujer,
acampas junto a mí
a tu libre voluntad
sin preguntar,
sin consultarme,
sin saber si te deseo
o simplemente te pienso
o tal vez te necesito.
Entras sin llamar,
te instalas placentera
y marchas sin avisar
dejando un hondo vacío,
una extraña sensación
y un sinfín de preguntas
que no consigo descifrar.
Amante indeseada,
no me dejas tus caricias,
no me llenas de mimos,
tan solo encuentro tras de ti
un océano de desamor,
un páramo de hastío e inclemencia,
una nube tormentosa
descargando toda su ira sin piedad.

ESPERANZA

Espero y espero
y en mi estar desesperante
de desespero muero.
¿Dónde estás esperanza
que esperándote no vivo?,
de rodillas te lo pido
para acallar mi añoranza.
Y sigo aquí esperando
tu llegada a mi presente
para alegrar dulcemente
lo que tanto ando buscando.
Espero y espero
y de tanto esperarte
de desespero muero.
Porque tanto esperar no es bueno,
porque tanto deseo altera,
porque todo mi gozo fuera
encontrar un presente nuevo.

MISERIA

Mísera miseria
perversa y miserable,
corrupta deformación
de una riqueza insostenible,
miserablemente inexistente
y cruelmente veraz,
que te aferras con saña,
con maléfica dedicación,
con una tenacidad insolente
y, a veces, hasta sin avisar.

EL INFIERNO

El infierno es rojo fuego dicen los entendidos en teología y catecismo, yo no, yo creo que el infierno es negro azabache, es oscuridad, es tiniebla, es soledad, es desencanto, es desespero, es trastorno, es locura, demencia, paranoia, frustración, amargura, abatimiento, descalabro, hasta la rotura completa del proyecto, del compromiso adquirido por dos personas, dos personas adultas que se juraron amor y respeto por siempre, sin tabús, sin mentiras, sin trabas aparentes y hasta sin testigos, y que paulatinamente han ido carcomiendo los cimientos de tan sincera construcción. Como se ha ido deteriorando mi carácter es algo que jamás llegaré a entender y escapa por completo a todo razonamiento coherente. He visto como me convertía en un ser absurdo, cascarrabias, gruñón, intolerable, exigente, egoísta, insoportable, y lo más grave es que he salpicado de lodo a la persona que tenía a mi lado, a la persona que supuestamente tenía que colmar de atenciones, que mimar hasta la saciedad, que convertir en el más preciado de mis tesoros y guardarlo celosamente en la cámara más secreta de mi corazón. Y lo que he conseguido con todo ello es transformar a un ser alegre y jovial en algo triste y apagado, de mirada perdida, de ojos enrojecidos por tanto llanto, vacía en su interior y abocada a un pozo oscuro y profundo y del cual no sabe ni cómo salir.

¿Cómo he podido dejar que llegue esta situación?,¿cómo he podido empujar inconscientemente a la persona que comparte mi vida hacia un gran abismo de dolor y malestar? Jamás me perdonaré, aunque ella por amor lo haga, el haber cruzado el límite de lo comprensible y razonable y poner en peligro su integridad. Confieso y reconozco mi error e imploro su perdón. No soporto por más tiempo el no escuchar a diario su voz o no poder estrechar su cuerpo cuando estamos juntos. Es como si el sol se hubiera ocultado maliciosamente tras una cortina nebulosa. Mis días transcurren impasiblemente sin otro aliciente que el de esperar que lleguen a su fin y poder someterme al descanso de la noche.

LLENANDO TU AUSENCIA CON LOS RECUERDOS

Siempre acallando mis sentimientos sin poder expresarlos, sabiendo que estás ahí y queriéndote decir infinidad de cosas que tengo guardadas, con ansias por verte, por abrazarte, por sentirte cerca de nuevo. Vivo únicamente con la esperanza, algún día, de volver a tu lado. Mi vida solo ha tenido sentido contigo; sin ti la soledad, el hastío, el deambular sin rumbo. No he sabido vivir sin ti y he tenido que aprender a vivir conmigo mismo. Muero de ganas de poder decirte de nuevo: te amo, jamás he dejado de amarte. Te quiero no más por lo que eres, sino por lo que me haces sentir cuando estoy contigo. Eres lo más importante que me ha ocurrido en la vida.

SENDEROS DE SOLEDAD

Quise vivir y no pude,
quise amar y no supe,
quise hacer camino
y anduve siempre dolido
vagando entre mis deseos
y una infame realidad.
Perseguí locas quimeras
pensamientos vanidosos
que ahogaron en mil temores
unos efímeros sueños
que pocas veces florecieron.
Cruel memoria que acercas
impasible a este presente
los dulces recuerdos
de un pasado, ya casi olvidado,
que se desvanece entre lamentos.
Quise acertar y no pude,
quise rectificar y no supe,
quise volver al camino
y ya me había perdido.
Si algún día no me halláis
buscadme entre las tinieblas,
buscadme en el más allá,
tal vez al final de aquel sendero
encontréis por fin las señas
de mi triste realidad.

MI SOLEDAD SANGRANTE

Bueno, la película se termina y el camino ya no existe, ya nada tiene sentido ni razón de ser, ya no me quedan fuerzas para superar todo esto. Mi vida sin ella es una mera anécdota, es un ir y venir del infierno en el que estoy abocado, ese infierno negro y oscuro que constantemente invade mi pensamiento y que se ha convertido en huésped incondicional. No encuentro una razón para seguir adelante, ella lo ha sido todo para mí, mi oxígeno, mi luz, mi combustible, mi razón de ser, a pesar de las dificultades y desde el día que sus labios tiernos y ardientes se posaron sobre los míos. Juro que desde ese día no dejé de quererla. Y la vida sigue y sigue adelante sin pausa y sin freno para saborearla y disfrutarla, para saciarte de su plenitud. Pero yo ya no siento deseos de vivirla si no es a su lado, es como si el sol se hubiera ocultado maliciosamente tras una cortina nebulosa. Mis días transcurren impasiblemente sin otro aliciente que el de esperar que lleguen a su fin y poder someterme al descanso de Morfeo.

EL TIEMPO

Se escapa el tiempo, se camufla tras las hojas del calendario, me engaña descaradamente día a día, sin que pueda hacer nada para detenerlo. Fluye irónicamente hacia el infinito, en una carrera de resistencia hacia lugar incierto y corre y corre sin parar, a la cabeza del momento que llega apresurado para desaparecer al instante que ya es pasado. Y nos espera en el mañana desconocido que irremediablemente tendremos que descubrir y que posiblemente no nos agrade, pero ahí estará, impasible y retador para gozarlo con valentía para quién esté dispuesto a vivirlo sin más armas que la fuerza del corazón. Un corazón anhelante, ávido de ternura y pasión, con descontroladas ganas de latir de nuevo acompasado, entre caricia y caricia, entre besos y susurros, con la fuerza de torrente desbordado, fluyendo impetuoso sin fin,

DESPEDIDA

¡Cómo temblaban tus labios
aquella noche, la última
de nuestras noches queridas!
¡Cómo temblaba tu cuerpo
y tus manos ateridas!
¡Qué dulces tus lágrimas,
lágrimas de despedida
que cual perlas de rocío
asomaban a tus ojos
y caían una a una
como un tesoro perdido!
¡Cómo temblaba tu pecho
en aquella noche fría!
Frío del alma que llora,
del alma que tiembla en la noche
que se inquieta y se acongoja,
del alma que al cielo implora
y que a la noche interroga.
Temblabas porque yo partía
llevando solo tu recuerdo,
porque tu vida y la mía
iban a ser separadas
como flores deshojadas
que el viento lleva al azar.

Temblaba tu voz opaca
velada por mil temores
y a tus labios florecían
como ofrenda a tus amores,
esas perlas de rocío
que asomaban a tus ojos
y una a una se vertían
como un tesoro perdido.
¡Cómo temblaba tu boca,
nido de mágicos arrullos,
qué tristeza la envolvía
aquella noche, la última
de nuestras noches queridas!
¡Cómo lloraban tus ojos
en la noche silenciosa,
era tan crudo el sollozo
de tu pecho estremecido,
que te besé enloquecido
para sorber la amargura
de esas perlas de rocío
que asomaban a tus ojos
resbalando una a una
en consolador efluvio.

ALEGORÍA A LA MUERTE

¿Quién eres dama de negro que rondas hoy mi pensamiento, que tanto ansío tu compañía, que tan apesadumbrado me tienes que solo anhelo tu presencia? Acompáñame aquí a mi lado, en mi lecho; el día llegó a su fin y el descanso de la noche vendrá a poner fin a mi alma torturada. Mi corazón enfermo de dolor y de infortunio se rompe en mil pedazos como frágil cristal, rasgando todo atisbo de esperanza de hallar un día esa calma, esa paz interior que tanto deseo, esa mano amiga que me ayude a proseguir mi camino. Cierto que esperanza es desesperanza, cuanto más la deseo, más ella se resiste; pero el tren de mi vida no se detiene y prosigue su inalterable rumbo, negándome cualquier alto en el camino. Oigo a veces esa voz interior que me llama, que me susurra al oído: ven, acompáñame, este mundo de los mortales no merece la pena vivirlo, no intentes entenderlo, es un duelo a muerte, o sobrevives o te arrastra hacia los más tormentosos abismos. ¿Por qué eres tan cruel señora mía, por qué me persigues constantemente?¡a bien que desearas a hombre más ilustre que este insignificante saco de problemas! Sabes, ya no me asustas, ya no te tengo miedo, has venido a visitarme tantas veces que formas parte de mi vida, mi penosa existencia se ha acostumbrado a deambular contigo cerca que ya no puedo separarte de mi lado.
Estoy muy fatigado, la noche extendió ya su manto negro y mis párpados se van cerrando apresuradamente. Un profundo pesar me acompaña a todas partes, una mueca de amargura se ha apoderado de mi rostro y me resulta imposible reír a gusto, disfrutar de las cosas que me rodean y de las personas que me quieren.
Me apago, me ahogo, me muero.